ORDONNANCE DU ROI,

Concernant les régimens Suiſſes & Griſons qui ſont à ſon ſervice.

Du 10 Mai 1764.

DE PAR LE ROI.

A MAJESTÉ ayant déjà donné à pluſieurs des régimens Suiſſes & Griſons, par des ordonnances particulières, la même compoſition qu'aux autres régimens de ſon Infanterie; & voulant que tous les régimens de cette Nation qu'Elle entretient à ſon ſervice, ſoient compoſés de même: Voulant auſſi mettre ces régimens à portée de remplir dans tous les points, l'objet d'utilité qu'Elle s'eſt propoſé lorſqu'Elle les a pris à ſa ſolde, en réglant leur traitement d'une manière également avantageuſe aux Officiers & aux Soldats; Sa Majeſté a réſolu de raſſembler dans une ſeule ordonnance ce qu'Elle a précédemment réglé pour les régimens qui ont déjà la nouvelle compoſition, & ce qu'Elle a

C

déterminé pour ceux qui ne l'ont point encore: Et en conséquence, Elle a ordonné & ordonne ce qui suit.

ARTICLE PREMIER.

CHACUN des régimens d'Erlach, Boccard, Pfiffer, Castella, Waldner, Jenner, Diesbach, Courten, Salis Grison, Lochmann & Eptingen, sera composé de deux bataillons de neuf compagnies chacun, dont une de Grenadiers & huit de Fusiliers.

II.

IL sera établi dans chaque compagnie desdits onze régimens Suisses & Grisons, un Fourrier, dont les fonctions seront réglées ci-après.

III.

LE grade d'Anspessade sera supprimé dans toutes les compagnies, & il sera créé, pour en tenir lieu, des places d'Appointés, dont les fonctions seront aussi réglées ci-après.

IV.

CHAQUE compagnie de Grenadiers, sera, soit en temps de paix, soit en temps de guerre, commandée par un Capitaine, un Lieutenant & un Sous-lieutenant; & composée de deux Sergens, un Fourrier, quatre Caporaux, quatre Appointés, quarante Grenadiers & un Tambour.

Les quatre Caporaux, les quatre Appointés & les quarante Grenadiers seront distribués en quatre escouades de douze hommes chacune, dont un Caporal & un Appointé; la première & la troisième de ces escouades formeront la première section, à laquelle sera attaché le premier Sergent; la seconde & la quatrième escouade formeront la seconde section, à laquelle sera attaché le second Sergent: la première ſection ſera ſubordonnée au Lieutenant, la ſeconde au Sous-lieutenant ; ces deux Officiers en rendront tous les jours compte au Capitaine, qui en rendra lui-même compte au Colonel, & en ſon abſence, au Lieutenant-colonel.

V.

CHACUNE des compagnies de Fuſiliers ſera, en tout temps, commandée par un Capitaine, un Lieutenant & un Sous-lieutenant ; & compoſée en temps de paix, de quatre Sergens, d'un Fourrier, de huit Caporaux, de huit Appointés, quarante Fuſiliers & deux Tambours.

Les huit Caporaux, les huit Appointés & les quarante Fuſiliers formeront huit eſcouades de ſept hommes chacune, y compris un Caporal & un Appointé ; la première & la cinquième eſcouade formeront la première demi-ſection, à laquelle ſera attaché le premier Sergent ; la ſeconde & la ſixième eſcouade formeront la ſeconde demi-ſection, à laquelle ſera attaché le ſecond Sergent; la troiſième & la ſeptième eſcouade formeront la troiſième demi-ſection, commandée par le troiſième Sergent; la quatrième & la huitième eſcouade formeront la quatrième demi-ſection, à laquelle ſera attaché le quatrième Sergent; les première & troiſième demi-ſections formeront la première ſection qui ſera ſubordonnée au Lieutenant; & les ſeconde & quatrième demi-ſections formeront la ſeconde ſection que commandera le Sous-lieutenant : ces deux Officiers rendront tous les jours compte des détails qui concerneront leur ſection au Capitaine, lequel en rendra auſſi compte aux Officiers ſupérieurs.

En temps de guerre, les compagnies de Fuſiliers conſerveront le même nombre d'Officiers & de bas Officiers réglé ci-deſſus; mais celui des Soldats ſera augmenté dans chaque escouade, par un nombre égal d'hommes que Sa Majesté se réserve de fixer lorsque les circonstances l'exigeront.

Déclarant cependant Sa Majesté que son intention est de ne point porter lesdites compagnies au-delà de cent trois hommes.

VI.

L'INTENTION de Sa Majesté étant que les compagnies ne soient composées que d'Officiers & de Soldats effectifs & utiles à son service, les places de Trabans, de Secrétaires, de Vivandiers & autres, qui faisoient nombre dans les compagnies, seront supprimées & éteintes.

VII.

IL sera créé deux places de Sous-aides-major dans chacun desdits régimens, afin qu'il y en ait un par bataillon.

VIII.

IL sera établi dans chacun de ces régimens, un Quartier-maître, dont les fonctions seront réglées ci-après.

IX.

L'INTENTION de Sa Majesté étant que le Major ne soit point distrait des fonctions principales de sa charge, qui consistent dans la police, la discipline, la tenue & les exercices, Elle a réglé que le Quartier-maître qu'Elle a jugé à propos d'établir dans chacun desdits régimens, seroit particulièrement chargé de l'administration des deniers, sous les ordres du Major.

X.

IL sera aussi créé dans chacun de ces régimens, un Tambour-major, pour veiller à la discipline prescrite parmi les Tambours.

XI.

LE grade de Capitaine-lieutenant & celui d'Enseigne, seront supprimés dans toutes les compagnies; & au lieu des

Enſeignes qui exiſtent actuellement, il ſera créé deux places de Porte-drapeaux par bataillon.

XII.

Au moyen de ce qui eſt réglé par les articles VII, VIII, IX, X & XI de la préſente ordonnance, l'État-major de chacun de ces régimens, ſera compoſé d'un Colonel, d'un Lieutenant-colonel, d'un Major, d'un Aide-major par bataillon, d'un Sous-aide-major, auſſi par bataillon, de deux Porte-drapeaux par bataillon, d'un Quartier-maître, d'un Tambour-major, d'un Chirurgien-major, de deux garçons Chirurgiens par bataillon, & de deux Prevôts, auſſi par bataillon.

Il y aura de plus un Aumônier & un Miniſtre dans chacun des régimens de Boccard, Pfiffer, Caſtella, Waldner, Jenner, Dieſbach, Salis & Eptingen. Un Aumônier ſeulement dans le régiment de Courten, & un Miniſtre ſeulement dans chacun des régimens d'Erlach & de Lochmann.

XIII.

Le grade de Commandant de bataillon, ſera ſupprimé dans leſdits régimens, & les Officiers qui en ſont pourvus actuellement, rentreront dans la claſſe ordinaire des Capitaines; voulant cependant bien Sa Majeſté que ceux qui faiſoient ci-devant le ſervice de Commandant de bataillon, ſoient diſpenſés de monter la garde, en temps de paix ſeulement.

XIV.

Le Major actuel de chacun de ces régimens, continuera de tenir rang parmi les Capitaines, du jour de la commiſſion qui lui a été accordée; mais lorſque cette charge deviendra vacante, l'Officier qui en ſera pourvu, au choix de Sa Majeſté, prendra rang ſur tous les Capitaines deſdits régimens: l'intention de Sa Majeſté étant que dans la ſuite la charge de Major ſoit dans leſdits régimens, comme dans tous ceux de ſon Infanterie, un grade ſupérieur à celui de Capitaine, & que le Major commande le régiment en l'abſence du Colonel & du Lieutenant-colonel, & en leur préſence, ſous leur autorité : mais Sa Majeſté veut que ceux qui ſeront pourvus de la majorité d'un régiment, quittent leur compagnie, s'ils en ont une; ſon intention étant au ſurplus, que pour tout ce qui concerne les exercices, le Major actuel ait, dès-à-préſent ſur les Capitaines, l'autorité dont il a beſoin pour remplir ſes fonctions.

XV.

LES Aides-major continueront de jouir des prérogatives dont ils jouiſſent actuellement, & rempliront les mêmes fonctions.

XVI.

LES Sous-aides-major ſeront ſubordonnés aux Aides-major; ils auront dans leur régiment, & dans toute l'Infanterie, rang de Lieutenant, du jour de leur brevet; & en conſéquence, ils commanderont à tous les Sous-lieutenans & à tous les Lieutenans moins anciens qu'eux.

XVII.

LES Porte-drapeaux ſeront toujours tirés du corps des Sergens, auront rang de derniers Sous-lieutenans, & ſeront tenus dans tous les temps de porter les drapeaux à pied.

XVIII.

LE Quartier-maître aura rang de Sous-lieutenant, commandera ſpécialement tous les Fourriers, & ſera chargé de tout le détail, de l'adminiſtration des deniers, ſubordonnément au Major, du logement, du campement, des diſtributions & autres fonctions relatives, ſupérieurement aux Fourriers.

XIX.

LE Quartier-maître ſera choiſi par les Capitaines, à la

pluralité des voix, & agréé par le Colonel, qui demandera ſon brevet au Colonel général.

X X.

TOUT l'argent de la ſolde, ou de toute autre partie, qui appartiendra à chaque régiment, ſera remis tous les mois au Quartier-maître, pour être enfermé dans une caiſſe dont il aura la régie, ſubordonnément au Major.

X X I.

IL y aura toujours dans la caiſſe de chaque régiment, un état des fonds qui y ſeront mis, & un état de ceux qui en ſeront tirés, avec les cauſes de recette & de dépenſe: ces états ſeront ſignés du Commandant du Corps & du Major; il en ſera remis un double au Major, & il en ſera envoyé un tous les mois au Colonel général des Suiſſes.

X X I I.

LE Tambour-major veillera ſur la conduite & la diſcipline preſcrite parmi les Tambours; il aura rang de Sergent, & jouira des mêmes droits & prérogatives que les autres Sergens: il ſera propoſé par le Major au Colonel, qui le nommera, & ſera attaché à la compagnie Colonelle, ſans faire nombre dans ladite compagnie.

X X I I I.

LE Chirurgien-major ſera tenu, au moyen des appointemens qui lui ſeront réglés, de traiter les malades du régiment, & de leur fournir *gratis* tous les médicamens néceſſaires; il ſera choiſi par les Capitaines, & agréé par le Colonel qui demandera ſon brevet au Colonel général.

X X I V.

LES Prevôts ſeront chargés de la propreté du quartier & du camp, ſous les ordres des Fourriers, & feront toutes les autres fonctions auxquelles ils ſont ordinairement employés.

XXV.

LES garçons Chirurgiens seront subordonnés au Chirurgien-major, & feront les fonctions qu'il leur prescrira pour l'utilité de la troupe.

XXVI.

SA MAJESTÉ trouvant convenable au bien de son service, que les places de Sergens & de Caporaux ne soient remplies que par des sujets sages, intelligens, sachant lire & écrire, & qui aient le talent, en instruisant les Soldats, de s'en faire obéir; son intention est qu'il soit fait par le Commandant & le Major de chaque régiment, un examen exact des sujets qui remplissent actuellement ces places, & que tous ceux qui ne se trouveront point avoir les qualités prescrites ci-dessus en soient retirés, savoir; les Sergens pour être renvoyés, & les Caporaux pour entrer dans la classe des Appointés, ainsi qu'il sera dit plus bas: Voulant Sa Majesté que le Commandant & le Major choisissent, pour cette fois seulement, les sujets qui seront les plus propres à les remplacer, ainsi que ceux qui devront occuper les places de Fourriers, que Sa Majesté a jugé à propos de créer dans chaque compagnie.

XXVII.

SA MAJESTÉ voulant en même temps expliquer ses intentions sur la manière dont il sera procédé à l'avenir aux choix desdits bas Officiers; Elle a réglé à l'égard de ceux desdits régimens qui sont entièrement composés de compagnies d'un même canton ou pays allié de la Suisse, que

Lorsqu'il vaquera une place de Sergent dans une compagnie, les douze plus anciens Sergens du régiment s'assembleront, avec les Porte-drapeaux, chez le Major, pour choisir parmi tous les Caporaux du régiment, sans avoir aucun égard à l'ancienneté, les trois sujets qu'ils croiront les plus propres à remplir la place vacante, ils les présenteront au Major & au Capitaine de la compagnie, dans laquelle la place de Sergent sera vacante, & sur le rapport de ces deux Officiers, le Commandant du régiment nommera celui des trois sujets proposés qui lui paroîtra mériter la préférence.

XXVIII.

LORSQU'IL vaquera une place de Fourrier, les douze plus anciens Fourriers s'assembleront avec le Quartier-maître, chez le Major, pour choisir parmi tous les Caporaux du régiment les trois sujets qu'ils croiront les plus propres pour remplir la place vacante; ils les présenteront au Major & au Capitaine de la compagnie, dans laquelle la place de Fourrier sera vacante, de la même manière qu'il est expliqué dans l'article précédent pour les Sergens.

XXIX.

PAREILLEMENT lorsqu'il vaquera une place de Caporal, les huit plus anciens Caporaux & les quatre plus anciens Sergens du régiment, s'assembleront chez le Major, pour choisir parmi tous les Soldats du régiment trois sujets qu'ils présenteront au Major & au Capitaine de la compagnie dans laquelle la place de Caporal sera vacante, de la même manière qu'il est expliqué dans l'article XXVIII de la présente ordonnance.

XXX.

A l'égard des régimens composés de compagnies de différens cantons ou pays alliés de la Suisse, l'intention de Sa Majesté est que le choix des bas Officiers se fasse seulement dans les compagnies du même canton ou pays dont sera celle où il en manquera, & non point dans tout le régiment.

XXXI.

LES Sergens commanderont leur demi-section, la maintiendront en bonne discipline & police, & rendront tous les jours compte aux Officiers de tous les détails qui les concernent, ainſi qu'il eſt preſcrit par l'article V.

XXXII.

Les Fourriers ſeront chargés du détail de toutes les ſubſiſtances, des diſtributions, du logement, du campement & de la propreté du quartier & du camp; ils auront rang de Sergens, & ſeront diſpenſés de monter la garde en campagne & en garniſon.

XXXIII.

Les Caporaux veilleront ſur la diſcipline, la police & les exercices de leur eſcouade; ils en répondront au Sergent de leur demi-ſection, & ſuppléeront aux Sergens qui pourront manquer.

XXXIV.

A l'égard des places d'Appointés, elles ſeront données, quant-à-préſent, par préférence aux Caporaux & Anſpeſſades réformés, en exécution des articles III & XXVII de la préſente ordonnance; mais à l'avenir ces places d'Appointés appartiendront toujours de droit aux plus anciens Grenadiers ou Fuſiliers de chaque compagnie; ils commanderont l'eſcouade dont ils feront partie, au défaut des Caporaux qui en ſeront toujours les chefs.

XXXV.

Le Colonel de chacun deſdits régimens, lorſqu'il ſera Officier général, propoſera pour commander ſa compagnie, celui des Lieutenans du régiment qu'il croira le plus convenable pour remplir cette place.

XXXVI.

Les Capitaines qui ne ſerviront point eux-mêmes à la tête de leurs compagnies, & auxquels Sa Majeſté a permis d'y mettre des Capitaines-commandans, ſeront tenus de payer ces Capitaines-commandans, ſur le pied de deux cents livres par mois en temps de paix, & de deux cents cinquante livres en temps de guerre, & ces appointemens ſeront prélevés ſur ceux du Capitaine.

XXXVII.

AUCUN Capitaine ne pourra à l'avenir conſerver ſa compagnie lorſqu'il quittera le ſervice; ſe réſervant Sa Majeſté d'accorder aux Capitaines & aux autres Officiers, qui, par leur âge, leurs bleſſures ou infirmités, ſe trouveront dans le cas de ne pouvoir continuer leurs ſervices, des penſions proportionnées à leur grade, à l'ancienneté & au mérite de leurs ſervices, leſquelles penſions leur ſeront payées ſans autre retenue que celle des quatre deniers pour livre, dans le lieu de leur réſidence, en Suiſſe ou en France.

XXXVIII.

A l'égard des Officiers qui ſerviront dans les régimens d'Erlach & de Lochmann, & auxquels par les conſtitutions des États de Berne & de Zurich, il n'eſt pas permis d'accepter des penſions de retraite, Sa Majeſté fera remettre annuellement à la caiſſe de chacun de ces régimens, une ſomme de dix mille livres, de laquelle il ſera formé une Maſſe dont tout le régiment ſera reſponſable; cette Maſſe ſera diſtribuée ſur les ordres du Colonel général, lequel en rendra compte à Sa Majeſté, en gratifications une fois payées aux Officiers de chacun deſdits régimens, qui par leur âge, leurs bleſſures ou infirmités, ſe trouveront dans la néceſſité de ſe retirer; l'intention de Sa Majeſté étant que ces gratifications ſoient réglées ſuivant le mérite & l'ancienneté de leurs ſervices.

XXXIX.

L'AVANCEMENT des Officiers ſubalternes des compagnies de Fuſiliers, ſe fera par ancienneté dans tout le régiment, &

non par compagnie ſuivant l'uſage actuel ; de ſorte que lorſqu'il vaquera un emploi de Lieutenant dans quelque compagnie que ce ſoit, il ſera donné au plus ancien Sous-lieutenant du régiment, ſi c'eſt un ſujet capable & de bonne conduite.

X L.

Les Capitaines continueront de propoſer au Colonel, & le Colonel au Colonel général, les nouveaux ſujets qu'ils croiront propres à remplir les emplois de Sous-lieutenans qui viendront à vaquer dans leur compagnie: Entendant Sa Majeſté qu'il ne ſoit admis auxdits emplois que des ſujets nés ou reconnus Suiſſes, ou des pays alliés de la Suiſſe: Enjoignant Sa Majeſté au Colonel général, d'y tenir la main avec la plus grande exactitude.

X L I.

Les charges de Colonel, de Lieutenant-colonel & de Major des régimens de Boccard, Pfiffer, Caſtella, Waldner, Jenner, Dieſbach, Courten, Salis & Eptingen, & les compagnies deſdits régimens, ſeront à la nomination de Sa Majeſté, qui en diſpoſera en faveur des Officiers qu'Elle en jugera les plus capables, & qui ſe ſeront rendus recommandables par leur ancienneté & leurs bons ſervices.

A l'égard des charges de Colonel, de Lieutenant-colonel & de Major des régimens d'Erlach & de Lochmann, & des compagnies deſdits régimens, il y ſera pourvu, conformément aux nouvelles capitulations faites pour ces deux régimens.

X L I I.

Sa Majesté conſidérant les ſervices que pluſieurs familles lui ont rendus depuis long-temps, & voulant avoir égard au zèle qu'elles ont témoigné, en levant des compagnies pour ſon ſervice; ſon intention eſt, lorſque ces compagnies viendront à vaquer, d'en diſpoſer en faveur des deſcendans de ces mêmes familles, s'il s'en trouve quelques-uns à son service qui aient l'âge & les qualités requises pour les commander.

Déclarant au surplus Sa Majesté qu'Elle n'accordera, dans aucun cas, les compagnies, soit celles qui sont censées de famille, soit celles qui ne le sont pas, à des enfans en bas âge, ni même à des Officiers qui n'auroient pas plus de cinq années de service, dont deux en qualité de Sous-lieutenant, & trois en qualité de Lieutenant.

Dans les régimens d'Erlach & de Lochmann, il n'y aura point de compagnies de familles ou héréditaires.

XLIII.

Les compagnies avouées, resteront affectées aux cantons qui les ont avouées, & ne seront données, lorsqu'elles viendront à vaquer, qu'à des Officiers des mêmes cantons.

XLIV.

Les compagnies de Grenadiers seront données, lors de la nouvelle composition de ces régimens, aux Capitaines-commandans ou par commission, qui les auront le mieux méritées par leurs services; & dans la suite, lorsqu'elles viendront à vaquer, Sa Majesté en disposera en faveur des Officiers qui en seront jugés les plus susceptibles.

XLV.

Toutes les compagnies dans chaque régiment, contribueront également à la nouvelle formation des compagnies de Grenadiers; & dans la suite, les recrues nécessaires pour lesdites compagnies de Grenadiers, seront prises alternativement dans chaque compagnie de Fusiliers, de manière qu'une compagnie ne soit pas obligée de fournir plus qu'une autre aux Grenadiers; l'intention de Sa Majesté est de plus, que les Fusiliers qui entreront dans les compagnies de Grenadiers, ne ſoient tenus de ſervir qu'autant de temps que portera leur premier engagement dans les compagnies de Fuſiliers.

XLVI.

Les Officiers ſubalternes des compagnies de Grenadiers, ſeront choiſis parmi les Officiers ſubalternes des compagnies de Fuſiliers, ſans aucun égard à l'ancienneté; & lorſqu'il y aura une place de Lieutenant ou Sous-lieutenant vacante dans leſdites compagnies de Grenadiers, le Colonel propoſera au Colonel général, l'Officier ſubalterne du régiment qu'il jugera le plus capable de la remplir.

XLVII.

Les Sous-aides-major créés par la préſente ordonnance, ſeront pris parmi les Sous-lieutenans les plus capables d'en remplir les fonctions, & propoſés par le Colonel au Colonel général.

XLVIII.

S'il y avoit dans ces régimens des Enſeignes de la nation Suiſſe ou des pays alliés de la Suiſſe, qui fuſſent dans le cas d'être réformés par la nouvelle compoſition ci-deſſus réglée, le Colonel les propoſera de préférence pour Porte-drapeaux, juſqu'à ce qu'ils puiſſent être remplacés à des emplois de Sous-lieutenans; après quoi les places de Porte-drapeaux ne pourront être remplies que par des Sergens qui auront ſervi au moins ſix ans en cette qualité.

XLIX.

Sa Majesté défend aux Capitaines de ces régimens, d'engager dorénavant aucun de ſes ſujets, ſoit de l'Alſace ou de la Lorraine allemande: Elle conſent néanmoins que ceux de ſes Sujets qui ſervent actuellement dans les compagnies, y reſtent juſqu'à l'expiration de leur engagement, & juſqu'à ce qu'ils ne doivent plus rien à leur Capitaine; mais Elle défend abſolument de les rengager, & veut que dans trois ans, à compter de la date de la préſente ordonnance, il n'y en ait plus, à la réſerve des Sergens, Caporaux & Appointés, qui pourront y reſter juſqu'à ce qu'ils ſoient dans le cas d'obtenir leur retraite à l'Hôtel royal des Invalides.

L.

DANS le nombre des recrues que les Capitaines feront à l'avenir, il leur ſera permis de prendre des Étrangers, Allemands, Polonois ou Italiens, juſqu'à concurrence du tiers ſeulement, dont la vérification ſera faite ſur les contrôles de la compagnie, ſignés & certifiés par le Commandant du corps & par le Major, qui ſeront reſponſables, en leur nom, des contraventions qui pourroient ſe commettre à cet égard par les Capitaines: tout ce qui excédera le tiers ſera réformé, & l'on fera des retenues pour les hommes qui manqueront à la compagnie, juſqu'à ce que le nombre ſoit rempli par de véritables Suiſſes ou Alliés de la Suiſſe, dont il ſera fourni à meſure des contrôles certifiés au Commiſſaire du département; l'intention de Sa Majeſté étant qu'à l'avenir toutes les compagnies ſoient compoſées de deux tiers au moins de Suiſſes ou Alliés de la Suiſſe.

Le Major adreſſera tous les ſix mois au Colonel général, un double ſigné de lui, des contrôles de chaque compagnie.

L I.

LES Soldats qui monteront aux hautes-payes, ne ſeront point tenus, comme par le paſſé, de ſervir trois ans au-delà du terme de leur engagement; l'intention de Sa Majeſté étant que le congé abſolu ſoit régulièrement donné chaque année aux Soldats dont l'engagement ſera expiré, lorſqu'ils le demanderont.

L I I.

ENTEND cependant Sa Majeſté qu'il ne ſoit délivré aucun congé abſolu depuis le 1.er Avril de chaque année, juſqu'au

1.er du mois de Novembre; & que dans le reste de l'année le congé soit expédié, sans difficulté, à tous les Soldats qui le demanderont, & dont le terme de l'engagement sera expiré, pourvu qu'ils ne doivent rien à leur Capitaine: ces congés seront signés par le Capitaine, le Commandant du corps & le Major, & il en sera dressé à mesure un état que le Major certifiera & qu'il adressera à la fin de chaque année au Colonel général.

L I I I.

La retenue des quatre deniers pour livre, continuera d'avoir lieu sur tout ce qui se payera aux régimens de d'Erlach, Boccard, Pfiffer, Castella, Waldner, Jenner, Diesbach, Courten, Salis & Eptingen, suivant l'usage observé pour toutes les Troupes de Sa Majesté; & en conséquence, le produit du quatrième denier sera remis à la caisse de cette partie; au moyen de quoi ces régimens continueront de participer, lorsque Sa Majesté le jugera à propos, aux gratifications qu'Elle veut bien accorder sur cette caisse.

L I V.

A l'égard du produit de la retenue des trois deniers pour livre, affectés aux Invalides, il sera employé au payement des pensions que Sa Majesté accordera aux bas Officiers & Soldats Suisses, ou des pays alliés de la Suisse, soit Catholiques, soit Protestans, qui, par l'ancienneté de leurs services ou par leurs blessures & infirmités, se trouveront dans le cas de mériter leur retraite à l'Hôtel royal des Invalides.

L V.

Sa Majesté ayant jugé à propos de fixer lesdites pensions sur le pied,

Savoir;

Deux cents quarante livres au Quartier-maître ou à chaque Porte-drapeau, estropié au service & hors d'état de le continuer.

Deux cents livres lorſqu'il aura ſeulement l'ancienneté de ſervice requiſe pour cette grâce.

Deux cents livres à chaque Sergent ou Fourrier, eſtropié au ſervice & hors d'état de le continuer.

Cent cinquante livres lorſqu'il aura l'ancienneté de ſervice ſeulement.

Cent cinquante livres à chaque Caporal ou Appointé, eſtropié au ſervice & hors d'état de le continuer.

Cent vingt livres lorſqu'il aura l'ancienneté de ſervice ſeulement.

Cent vingt livres à chaque Soldat eſtropié au ſervice & hors d'état de le continuer.

Cent livres lorſqu'il aura l'ancienneté ſeulement.

Elle veut & entend que ces penſions ſoient payées auxdits bas Officiers & Soldats Suiſſes, ou des pays alliés de la Suiſſe, chaque année, ſans aucune retenue, & argent de France, par ſon Ambaſſadeur en Suiſſe, dans le lieu de la réſidence de chaque bas Officier & Soldat, ſur le certificat de vie en bonne forme du penſionnaire, après qu'il aura juſtifié de ſes ſervices & de ſon admiſſion à la penſion, par un certificat du Colonel général, qui ſera enregiſtré ſur un regiſtre que l'Ambaſſadeur fera dreſſer à cet effet.

L V I.

Sa Majesté donnera ſes ordres pour faire délivrer par la même voie, tous les huit ans, à chaque bas Officier ou Soldat Invalide, un habit, veſte & culotte de l'uniforme du régiment.

Veut cependant bien permettre Sa Majeſté que ceux deſdits bas Officiers & Soldats, qui, pour des raiſons particulières, ne pourroient demeurer chez eux, aient la liberté de choiſir une réſidence dans le royaume, pour y jouir des mêmes avantages.

LVII.

Il sera accordé aux bas Officiers & Soldats qui auront obtenu la pension d'Invalide, un mois de leur solde, pour leur donner moyen de retourner chez eux ou à l'endroit du royaume qu'ils auront choisi pour leur domicile.

LVIII.

A l'égard du régiment de Lochmann, Sa Majesté veut bien que l'objet de la retenue des quatre deniers pour livre, qui sera faite sur tout ce qui sera payé audit régiment, soit remis chaque année, à la disposition de l'État du canton de Zurich, pour en faire la distribution aux bas Officiers & Soldats qui auront mérité leur retraite à l'Hôtel royal des Invalides, sur les certificats de l'Inspecteur général des troupes Suisses, & des Officiers supérieurs du régiment, lesquels certificats seront remis chaque année par le Colonel à l'État de Zurich, lequel fera distribuer le produit de ces quatre deniers à tous les bas Officiers & Soldats, Invalides, Suisses ou Étrangers, sur le pied réglé, ou proportionnément aux fonds qui se trouveront chaque année; au moyen de quoi ledit régiment ne participera plus aux gratifications sur le produit du quatrième denier; au surplus, il sera toujours payé à ces Invalides un mois de solde pour retourner dans leur pays.

LIX.

Lorsqu'un Soldat desdits régimens, ayant obtenu son congé absolu avant le temps prescrit pour obtenir la pension d'Invalide, laissera écouler plus de quinze jours sans se rengager, ses services précédens ne lui seront point comptés, & il ne les datera, pour mériter les Invalides, que du jour de son rengagement.

LX.

Sa Majesté ayant jugé à propos de régler aux Officiers,

bas Officiers & Soldats, une paye de paix & une paye de guerre, Elle veut & entend que les appointemens & folde foient payés auxdits régimens ainfi qu'il fuit:

Compagnies de Grenadiers.

Chaque place de Sergent, Fourrier, Caporal, Appointé, Grenadier & Tambour, fera payée au Capitaine fur le pied de vingt-une livres par mois en temps de paix, & de vingt-cinq livres dix fous en temps de guerre.

Les Officiers recevront pour leurs appointemens par mois,

SAVOIR;

Le Capitaine, trois cents cinquante livres en temps de paix, & quatre cents cinquante livres en temps de guerre.

Le Lieutenant, cent trente livres en temps de paix, & cent cinquante livres en temps de guerre.

Le Sous-lieutenant, cent livres en temps de paix, & cent vingt livres en temps de guerre.

Compagnies de Fufiliers.

Chaque place de Sergent, Fourrier, Caporal, Appointé, Fufilier & Tambour, fera payée au Capitaine fur le pied de vingt livres par mois en temps de paix, & de vingt-quatre livres en temps de guerre.

Les Officiers recevront pour leurs appointemens par mois,

SAVOIR;

Chacun des deux premiers Capitaines-factionnaires de chaque régiment, trois cents cinquante livres en temps de paix, & quatre cents cinquante livres en temps de guerre.

Chacun des autres Capitaines, trois cents livres en temps de paix, & quatre cents livres en temps de guerre.

Le Lieutenant, cent vingt livres en temps de paix, & cent quarante livres en temps de guerre.

Le Sous-lieutenant, quatre-vingt-ſeize livres en temps de paix, & cent dix livres en temps de guerre.

État-major.

Les Officiers de l'État-major recevront pour leurs appointemens par mois,

SAVOIR;

Le Colonel, indépendamment de ſes appointemens de Capitaine, mille livres en temps de paix, & quinze cents livres en temps de guerre. L'intention de Sa Majeſté étant qu'ils ſoient payés tous les mois de leurs appointemens, tant en qualité de Colonel qu'en celle de Capitaine, ſoit qu'ils ſoient abſens, ſoit qu'ils ſoient préſens.

Le Lieutenant-colonel, indépendamment de ſes appointemens de Capitaine, deux cents cinquante livres en temps de paix, & trois cents livres en temps de guerre.

Le Major, cinq cents cinquante livres en temps de paix, & ſix cents cinquante livres en temps de guerre.

Chaque Aide-major ayant commiſſion de Capitaine, cent cinquante livres en temps de paix, & deux cents livres en temps de guerre.

Chaque Aide-major ſans commiſſion de Capitaine, cent trente livres en temps de paix, & cent ſoixante livres en temps de guerre.

Chaque Sous-aide-major, cent livres en temps de paix, & cent trente livres en temps de guerre.

Chaque Porte-drapeau, cinquante livres en temps de paix, & ſoixante livres en temps de guerre.

Le Quartier-maître, qui ſera auſſi chargé de la caiſſe, cent livres en temps de paix, & cent ſoixante livres en temps de guerre.

Le Tambour-major, cinquante livres en temps de paix, & ſoixante livres en temps de guerre.

Chacun des Aumônier & *Miniſtre*, cent livres en temps de paix, & cent vingt livres en temps de guerre.

Le Chirurgien-major, cent quatre-vingts livres en temps de paix, & deux cents cinquante livres en temps de guerre.

Chaque Prevôt, quinze livres en temps de paix, & dix-huit livres en temps de guerre.

Chaque garçon Chirurgien, quinze livres en temps de paix, & dix-huit livres en temps de guerre.

Voulant Sa Majesté que la paye de guerre soit donnée à ces régimens, à compter du jour qu'ils auront été avertis de se tenir prêts pour marcher en campagne; & qu'elle cesse de leur être payée du jour de leur arrivée dans la ville du royaume qui leur aura été assignée pour garnison, après la paix ou à leur retour de l'armée.

L X I.

OUTRE le traitement ci-dessus réglé pour les compagnies de Grenadiers, Sa Majesté fera payer à chaque Capitaine de Grenadiers, la somme de mille livres par an en temps de paix, & celle de quinze cents livres en temps de guerre, pour le remplacement des Grenadiers qui manqueront dans sa compagnie, & pour les rengagemens qu'il fera; au moyen de quoi il sera obligé de payer pour chaque homme qu'il tirera des compagnies de Fusiliers, cent livres au Capitaine en temps de paix, & cent vingt livres en temps de guerre, & de rembourser audit Capitaine ce que le Soldat pourroit lui devoir.

L X I I.

AU lieu de l'argent de recrues, de route & d'indemnité sur la perte des espèces en Suisse, Sa Majesté fera payer aux Capitaines de Fusiliers, pour chaque homme de recrue qui sera véritablement Suisse ou des pays alliés de la Suisse, & qui aura été reçu au corps, suivant le certificat du Commissaire chargé de la police du régiment, cent vingt livres; & pour chaque étranger qui aura également été reçu au corps, trente livres.

Mais cette disposition n'aura lieu pour les régimens de Boccard, Pfiffer, Castella, Waldner, Diesbach, Courten, Salis & Eptingen, que jusqu'à la revue de l'inspection du mois de Mai 1765 ; & à commencer du 1.er Juin de la même année, Sa Majesté fera payer pour les recrues en général, la somme de douze cents livres par an en temps de paix, & celle de trois mille livres en temps de guerre, pour chaque compagnie de Fusiliers; & le payement de cette somme se fera d'avance le 1.er Octobre de chaque année, à commencer du 1.er Octobre 1765.

A l'égard des régimens d'Erlach & de Lochmann, Sa Majesté voulant leur faciliter les moyens de retrancher de leurs compagnies tous les hommes médiocres, ainsi que tous les sujets de Sa Majesté; Elle fera payer les recrues aux Capitaines, à raison de cent vingt livres par homme Suisse, & de trente livres pour chaque Allemand ou Étranger, pendant l'espace de deux années, après lesquelles les recrues seront payées sur le pied réglé ci-dessus pour les autres régimens, & à la même époque du 1.er Octobre de chaque année

Sa Majesté fera payer en outre aux Capitaines de Fusiliers de chacun des onze régimens, la somme de mille livres par an, en tout temps, pour frais de rengagemens & pour dédommagemens des pertes accidentelles.

LXIII.

LORSQUE Sa Majesté jugera à propos de porter les compagnies à cent trois hommes, cette augmentation se fera dans l'espace de deux ou trois années; si elle se fait dans le terme de deux ans, elle sera pour la première année de seize hommes, & le Capitaine recevra pour cette première année, la somme de dix-huit cents livres pour ses recrues; l'augmentation de la seconde année sera de vingt-quatre hommes, &

le Capitaine reçevra trois mille livres pour cette ſeconde année & pour chacune des ſuivantes, juſqu'à la réduction des compagnies à ſoixante-trois hommes.

Mais dans le cas où Sa Majeſté jugeroit à propos de ne faire faire cette augmentation que dans l'eſpace de trois années, il ſera fait dans la première ſeize hommes, dans la ſeconde auſſi ſeize hommes, & dans la troiſième huit; le Capitaine recevra alors pour ſes frais de recrue une ſomme de dix-huit cents livres la première année, deux mille quatre cents livres la ſeconde, & trois mille livres pour la troiſième & chacune des ſuivantes, juſqu'à la réduction des compagnies à ſoixante-trois hommes.

LXIV.

CHAQUE augmentation d'hommes que Sa Majeſté jugera à propos de régler pour le temps de guerre, ſe fera dans l'eſpace de quatre mois; ceux des Capitaines qui ſe trouveront complets à l'expiration de ce terme, recevront la paye des hommes d'augmentation pour la durée dudit terme, ſur le pied que le régiment aura été payé pendant ledit temps; mais ceux deſdits Capitaines qui ne ſe trouveront pas complets à l'expiration des quatre mois, ne recevront la paye des hommes d'augmentation qu'à compter du jour de l'arrivée de chacun au quartier d'aſſemblée ou au régiment.

LXV.

LORSQUE Sa Majeſté jugera à propos de réduire les compagnies au nombre fixé pour le temps de paix, Elle fera payer aux Capitaines pour chaque homme réformé, ſix livres par mois pendant une année entière, à commencer du jour de la réduction, & un mois de ſolde aux Soldats qui ſeront réformés, pour leur donner moyen de retourner chez eux ou à la réſidence qu'ils auront choiſie dans le royaume.

L X V I.

SOLDE des bas Officiers de Grenadiers, & des Grenadiers.

AU moyen des vingt-une livres en temps de paix, & des vingt-cinq livres dix ſous en temps de guerre, que Sa Majeſté payera pour chaque bas Officier de Grenadiers & pour chaque Grenadier; le Capitaine ſera obligé de donner par mois,

SAVOIR;

Au premier Sergent de ſa compagnie, quarante-deux livres en temps de paix, & quarante-neuf livres dix ſous en temps de guerre.

Au ſecond Sergent, trente-ſix livres en temps de paix, & quarante-deux livres en temps de guerre.

Au Fourrier, vingt-cinq livres dix ſous en temps de paix, & vingt-huit livres dix ſous en temps de guerre.

A chacun des quatre Caporaux, dix-neuf livres dix ſous en temps de paix, & vingt-deux livres dix ſous en temps de guerre.

A chacun des quatre Appointés, dix-huit livres en temps de paix, & vingt-une livres en temps de guerre.

A chaque Grenadier, ſeize livres dix ſous en temps de paix, & dix-neuf livres dix ſous en temps de guerre.

A chaque Tambour, dix-ſept livres cinq ſous en temps de paix, & vingt livres cinq ſous en temps de guerre.

SOLDE des bas Officiers de Fuſiliers, & des Fuſiliers.

AU moyen des vingt livres en temps de paix & des vingt-quatre livres en temps de guerre, que Sa Majeſté payera pour chaque bas Officier de Fuſiliers, & pour chaque Fuſilier; le Capitaine ſera obligé de donner par mois,

SAVOIR;

Au premier Sergent de ſa compagnie, quarante livres en temps de paix, & quarante-huit livres en temps de guerre.

Au ſecond Sergent, trente-quatre livres en temps de paix, & quarante livres en temps de guerre.

Au troiſième Sergent, trente livres en temps de paix, & trente-cinq livres en temps de guerre.

Au quatrième Sergent, vingt-ſix livres en temps de paix, & trente livres en temps dè guerre.

Au Fourrier, vingt-quatre livres en temps de paix, & vingt-ſept livres en temps de guerre.

A chacun des quatre premiers Caporaux, dix-huit livres en temps de paix, & vingt-une livres en temps de guerre.

A chacun des quatre derniers Caporaux, dix-ſept livres en temps de paix, & vingt livres en temps de guerre.

A chacun des huit Appointés, ſeize livres dix ſous en temps de paix, & dix-neuf livres dix ſous en temps de guerre.

A chacun des deux Tambours, ſeize livres dix ſous en temps de paix, & dix-neuf livres dix ſous en temps de guerre.

A chaque Fuſilier, quinze livres en temps de paix, & dix-huit livres en temps de guerre.

LXVII.

Le Capitaine ſera de plus obligé d'armer à ſes dépens les bas Officiers & Soldats de ſa compagnie, & de ſupporter ſeul tous les frais de compagnie, mais le Soldat ſera chargé de l'entretien de ſes armes.

Dans les cas d'augmentation, les armes néceſſaires ſeront fournies *gratis* des magaſins du Roi; à la charge que les Capitaines, lors de la réduction, rendront en bon état les mêmes quantités d'armes qui leur auront été fournies.

Prêt des Grenadiers.

Le prêt du premier Sergent de chaque compagnie de Grenadiers, ſera de vingt ſous par jour en temps de paix, & de vingt-quatre ſous en temps de guerre.

Celui du fecond Sergent, de dix-huit fous en temps de paix, & de vingt fous en temps de guerre.

Celui du Fourrier, de douze fous en temps de paix, & de treize fous en temps de guerre.

Celui des Caporaux, de neuf fous en temps de paix, & de dix fous en temps de guerre.

Celui des Appointés, de huit fous en temps de paix, & de neuf fous en temps de guerre.

Celui des Grenadiers & du Tambour, de fept fous en temps de paix, & de huit fous en temps de guerre.

Prêt des Fufiliers.

Le prêt du premier Sergent de chaque compagnie de Fufiliers, fera de dix-huit fous par jour en temps de paix, & de vingt fous en temps de guerre.

Celui du fecond Sergent, de feize fous en temps de paix, & de dix-huit fous en temps de guerre.

Celui du troifième Sergent, de quatorze fous en temps de paix, & de quinze fous en temps de guerre.

Celui du quatrième Sergent, de douze fous en temps de paix, & de quatorze fous en temps de guerre.

Celui du Fourrier, de onze fous en temps de paix, & de douze fous en temps de guerre.

Celui des quatre premiers Caporaux, de huit fous en temps de paix, & de neuf fous en temps de guerre.

Celui des quatre derniers Caporaux, de fept fous fix deniers en temps de paix, & de huit fous fix deniers en temps de guerre.

Celui des huit Appointés, de fept fous en temps de paix, & de huit fous en temps de guerre.

Celui des Fufiliers & des deux Tambours, de fix fous fix deniers en temps de paix, & de fept fous fix deniers en temps de guerre.

LXVIII.

Le prêt, tel qu'il eft ci-deffus réglé, fera délivré par le

Quartier-maître de chaque régiment, au Major ou aux Aides-major, ſans aucune retenue, de telle eſpèce que ce puiſſe être; & le Major ou les Aides-major le diſtribueront de même aux bas Officiers & Soldats de chaque compagnie, en préſence des Capitaines.

L'excédant de la ſolde réglée par l'article LXVI aux bas Officiers & Soldats, tant des compagnies de Fuſiliers que de celles de Grenadiers, ſera employé par le Capitaine à leur habillement & à leur entretien, & ledit Capitaine leur fera le décompte du ſurplus, s'il y en a.

LXIX.

LORSQUE leſdits régimens ſeront employés à l'armée, ou qu'ils ſe trouveront en garniſon dans des Places du royaume, éloignées des frontières de la Suiſſe, il leur ſera accordé des quartiers d'aſſemblée en Alſace, pour y recevoir leurs recrues; & Sa Majeſté donnera ſes ordres pour faire fournir à ces recrues & aux Officiers qui ſeront établis pour les recevoir, le logement & la ſubſiſtance.

LXX.

LORSQUE les Capitaines ſeront entrés en campagne avec leurs compagnies complettes, & qu'ils auront eſſuyé des pertes dans quelques actions de guerre, il leur ſera accordé un terme ſuffiſant pour les réparer, & en attendant ils jouiront de la paye ſur le pied complet; mais, ſi à l'expiration du terme accordé, les compagnies n'étoient point complettes, les retenues qui ſeront faites pour les hommes qui leur manqueront, auront un effet rétroactif, à commencer du jour que le terme leur a été accordé.

LXXI.

AU moyen du traitement réglé à ces régimens, par la

présente Ordonnance, tout autre traitement, de telle espèce qu'il soit, n'aura plus lieu: Voulant cependant Sa Majesté que lesdits régimens participent en temps de guerre & en garnison, au traitement qui sera fait à toutes ses autres troupes d'Infanterie, pour ce qui concerne le pain, la viande, le fourrage en campagne, & l'étape dans le royaume, & que les retenues qu'on leur fera pour ces différens objets, ne soient point portées plus haut à leur égard qu'à l'égard des régimens d'Infanterie françoise.

L X X I I.

LES Commissaires chargés de la police de ces régimens, en feront, à la fin de chaque mois, une revue exacte, pour servir au payement de leur subsistance, conformément à ce qui est prescrit par l'Ordonnance des revues: lesdits Commissaires enverront un double de leurs extraits de revue au Secrétaire d'État ayant le département de la guerre, & un autre au Trésorier général.

L X X I I I.

LES prisonniers de guerre & les malades, seront entretenus aux dépens des Capitaines; au moyen de quoi lesdits prisonniers & malades seront passés présens sur des certificats des Commissaires, lesquels certificats seront joints aux extraits de revue, que les Commissaires enverront au Secrétaire d'État ayant le département de la guerre.

L X X I V.

IL sera accordé chaque année six congés de semestre aux bas Officiers ou Soldats de chaque compagnie en temps de paix, & huit en temps de guerre, pour s'employer aux recrues ou pour d'autres cas pressans, & lesdits hommes seront passés présens dans les revues.

L X X V.

Le Commandant du régiment, le Major & le Quartier-maître, qui fera chargé de la caiffe, ne pourront difpofer de la caiffe que pour l'ufage fixé, & du confentement des Capitaines; l'intention de Sa Majefté étant que ladite caiffe ne foit chargée d'aucune dépenfe extraordinaire.

L X X V I.

Le Major fera faire régulièrement tous les mois à chaque Capitaine le décompte de ce qui lui fera dû, & le Quartier-maître payera ce décompte auffitôt qu'il aura reçu les fonds.

L X X V I I.

Le Colonel ne pourra introduire aucun changement, relatif aux affaires d'intérêts du régiment, fans le confentement des Capitaines.

L X X V I I I.

Sa Majesté jugeant à propos de changer l'uniforme de ces régimens, Elle a réglé la manière dont ils feront habillés à l'avenir, fuivant l'état annexé à la préfente Ordonnance : Enjoignant Sa Majefté aux Colonels defdits régimens, de le faire exécuter en tout point; leur défendant d'y fouffrir aucun changement, fans une permiffion expreffe & par écrit du Colonel général, d'après les ordres de Sa Majefté, fous peine de défobéiffance, & de payer fur leurs appointemens la dépenfe qu'auroient occafionnée les changemens par eux ordonnés.

L X X I X.

L'Inspecteur général des Suiffes procédera, conjointement avec le Colonel de chacun des régimens d'Erlach & de Lochmann, à la nouvelle formation prefcrite par la préfente Ordonnance, fur les inftructions particulières qui lui ſeront données par le Colonel général, d'après les ordres de Sa Majeſté ; & le traitement réglé pour tous les régimens Suiſſes & Griſons, aura lieu à commencer, ſavoir; pour le régiment de Salis du 20 Avril, pour celui de Courten du 16 Septembre, pour celui de Jenner du 20, pour celui de Dieſbach du 28 du même mois, pour celui de Boccard du 4 Octobre, pour celui de Pfiffer du 11, pour celui de Waldner du 16, pour celui d'Eptingen du 20, pour celui de Caſtella du 26 Octobre de l'année dernière, & pour ceux d'Erlach & de Lochmann, à commencer du jour que leur compoſition aura été conſtatée par les procès-verbaux des Commiſſaires des guerres chargés de la police deſdits régimens, qui ſeront préſens à l'exécution de la préſente Ordonnance.

LXXX.

SI, par la nouvelle compoſition, il y avoit des compagnies ou demi-compagnies qui fuſſent dans le cas d'être réformées ou retirées aux Titulaires qui en ſont actuellement pourvus, Sa Majeſté réglera les dédommagemens que ces Titulaires ſont dans le cas de mériter, relativement à leurs ſervices ou à la nature de leurs compagnies.

LXXXI.

SA MAJESTÉ fera payer aux Officiers ſubalternes qui ſeront réformés par la nouvelle compoſition, la moitié des appointemens dont ils jouiſſent actuellement ſur le pied de paix, juſqu'à ce qu'ils puiſſent être remplacés dans les régimens Suiſſes ou employés ailleurs; permettant Sa Majeſté auxdits Officiers de ſe retirer, en attendant, où bon leur ſemblera, pourvu cependant qu'ils ne paſſent pas au ſervice des autres Puiſſances.

LXXXII.

Le congé abſolu ſera délivré aux Soldats qui ſeront dans le cas d'être réformés ; il leur ſera accordé un mois de ſolde pour leur donner moyen de retourner chez eux ou à la réſidence qu'ils auront choiſie dans le royaume.

LXXXIII.

Veut au ſurplus Sa Majeſté que tous les régimens Suiſſes & Griſons, continuent de jouir de tous les priviléges, franchiſes, prérogatives & exemptions qui leur ont été accordées par les Traités d'alliance avec les Louables Cantons, & notamment par celui du 10 mai 1715; dérogeant Sa Majeſté à toutes ordonnances contraires à la préſente. Mandant Sa Majeſté au ſieur Duc de Choiſeul, Colonel général des Suiſſes & Griſons, de tenir la main à ſon exécution.

Mande & ordonne Sa Majeſté aux Officiers généraux ayant commandement ſur ſes Troupes, aux Gouverneurs & Lieutenans généraux de ſes provinces, aux Commandans dans ſes villes & places, à l'Inſpecteur général des Suiſſes & Griſons, aux Intendans dans ſes provinces, ſur ſes frontières & dans ſes armées, aux Commiſſaires des guerres & à tous autres ſes Officiers qu'il appartiendra, de tenir la main à l'exécution de la préſente ordonnance. Fait à Verſailles le dix mai mil ſept cent ſoixante-quatre. *Signé* LOUIS. *Et plus bas,* le Duc de Choiseul.

ÉTIENNE-FRANÇOIS DE *CHOISEUL*,

Duc de STAINVILLE, *Pair de France, Chevalier des ordres du Roi & de la Toiſon d'or, Lieutenant général des Armées du Roi, Colonel général des Suiſſes & Griſons, Gouverneur & Lieutenant général de la province de Touraine, Gouverneur & grand Bailli du pays de Voſges & de Mirecourt, Miniſtre & Secrétaire d'État ayant les départemens de la Guerre & de la Marine, & la correſpondance avec les Cours d'Eſpagne & de Portugal, Grand-maître & Surintendant des Courriers, Poſtes & relais de France.*

VU par nous l'ordonnance du Roi, donnée à Verſailles le 10 mai 1764, ſignée Louis, & plus bas, le Duc de Choiſeul, & à nous adreſſée, pour tenir la main à ſon exécution; par laquelle Sa Majeſté, pour les cauſes y contenues, auroit jugé à propos de changer la compoſition & le traitement des régimens Suiſſes & Griſons qu'Elle entretient à ſon ſervice:

NOUS, en vertu du pouvoir à nous accordé par Sa Majeſté, à cauſe de notredite charge de Colonel général des Suiſſes & Griſons; Mandons aux Colonels deſdits régimens, & à tous autres qu'il appartiendra, de ſe conformer à ladite ordonnance: En témoin de quoi nous avons fait expédier la préſente que nous avons ſignée de notre main, fait ſceller du ſceau de nos armes, & contre-ſigner par le Secrétaire général des Suiſſes

& Grisons. A Versailles le onze mai mil sept cent soixante-quatre. *Signé* LE DUC DE CHOISEUL. *Et plus bas*, par Monseigneur, THIBAULT DUBOIS.

ÉTAT arrêté par le Roi, de l'Uniforme que Sa Majesté a réglé pour l'Habillement des Régimens Suisses & Grisons.

RÉGIMENT D'ERLACH.

Habit rouge, collet, revers & paremens noirs, doublure blanche, veste & culotte de drap blanc; boutons blancs & poches en long garnies de trois boutons, trois petits sur le parement, sept petits sur le revers, trois gros au-dessous; les boutons unis, collés & mastiqués sur bois.

RÉGIMENT DE BOCCARD.

Habit rouge, paremens, collet & revers blancs, doublure blanche, veste & culotte de drap blanc, col noir, poches en long; la garniture pareille à celle du régiment d'Erlach.

RÉGIMENT DE PFIFFER.

Habit rouge, paremens, collet & revers bleu-céleste, doublure blanche, veste & culotte de drap blanc, col rouge, poches en long; la garniture de boutons telle qu'elle est marquée ci-dessus pour le régiment d'Erlach.

RÉGIMENT DE CASTELLA.

Habit rouge, paremens, collet & revers bleus, doublure blanche, veste & culotte de drap blanc, col noir, poches en travers garnies de trois boutons; le reste de la garniture, ainsi qu'il est marqué pour le régiment d'Erlach.

RÉGIMENT DE WALDNER.

Habit rouge, paremens blancs, collet & revers rouges, doublure blanche, veste & culotte de drap blanc, col noir, poches en long; la garniture de boutons pareille à celle du régiment d'Erlach.

RÉGIMENT DE JENNER.

Habit rouge, paremens, collet & revers jaunes, doublure blanche, veste &

culotte de drap blanc, col noir, poches en long; la garniture de boutons, telle qu'elle est marquée ci-dessus pour le régiment d'Erlach.

RÉGIMENT DE DIESBACH.

Habit rouge, paremens, collet & revers bleu-céleste, doublure blanche, veste & culotte de drap blanc, col noir, poches en travers; la garniture de boutons, *idem*.

RÉGIMENT DE COURTEN.

Habit rouge, paremens, collet & revers verd-de-saxe, le parement petit & ouvert, doublure blanche, veste & culotte de drap blanc, col noir, poches en travers, la garniture de boutons, *idem*.

RÉGIMENT DE LOCHMANN.

Habit rouge, paremens, revers & collet bleus, doublure, veste & culotte blanche, petit parement fermé de trois boutons, poches en travers; boutons triollés anglois, plats sur la tête.

RÉGIMENT D'EPTINGEN.

Habit rouge, paremens, collet & revers blancs, doublure blanche, veste & culotte de drap blanc, col rouge, poches en travers; la garniture de boutons pareille à celle du régiment d'Erlach.

RÉGIMENT DE SALIS.

Habit rouge, paremens, collet & revers bleus, doublure blanche, veste & culotte de drap blanc, col rouge, poches en long garnies de trois boutons, trois petits sur le parement, sept petits sur les revers, trois gros au-dessous; les boutons blancs, unis, collés & mastiqués sur bois.

Le chapeau des Officiers & bas Officiers de chacun desdits régimens, sera bordé d'argent, & celui des Soldats & Tambours en galon de fil blanc.

L'habit du Tambour-major & des Tambours, à la livrée du Colonel, avec les revers, collet & paremens des couleurs déterminées & réglées pour chaque régiment, veste & culotte de drap blanc, comme celles des Soldats; la coupe de l'habit & des revers, ainsi que la position des boutons, semblables à celles des habits des Soldats.

Le Colonel portera une épaulette de chaque côté, en argent, ornée de frange riche, à nœuds de cordelières.

Le Lieutenant-colonel portera à gauche une ſeule épaulette de même, garnie de frange, comme celles du Colonel.

Le Major portera une épaulette de chaque côté, en argent, ornée de frange ſeulement, ſans graine d'épinards ou nœuds de cordelières.

Le Capitaine & l'Aide-major qui aura commiſſion de Capitaine, porteront à gauche une épaulette en argent, ornée de frange ſeulement, comme celles du Major.

Le Lieutenant portera à gauche une épaulette fond argent, loſangée de carreaux de ſoie de la couleur des revers de ſon habit, la frange ſera mêlée d'argent & de ſoie de même couleur que ſes revers.

Le Sous-lieutenant & l'Enseigne porteront l'épaulette à fond de ſoie de la couleur des revers de leur habit, avec des carreaux d'argent, & la frange mêlée d'argent & de ſoie.

Le Porte-drapeau portera l'épaulette à fond de ſoie de la couleur des revers de ſon habit, & liſérée d'argent.

L'Officier ne pourra porter, ſous quelque prétexte que ce ſoit, aucun galon, ni fil d'or ou d'argent à ſon uniforme.

Fait à Verſailles le dix mai mil ſept cent ſoixante-quatre. *Signé* LOUIS. *Et plus bas*, le Duc de Choiseul.

A PARIS, DE L'IMPRIMERIE ROYALE. 1764.

www.ingramcontent.com/pod-product-compliance
Lightning Source LLC
LaVergne TN
LVHW020310230826
846091LV00006B/2616

* 9 7 8 2 3 2 9 3 4 0 1 4 2 *